여자와 남자는 같아요

내일을 위한 책 ❹

여자와 남자는 같아요

플란텔 팀 글·루시 구티에레스 그림·김정하 옮김·배성호 추천

추천의 글

한 권의 책을 통해 새로운 세상과 마주하는 여행을 하는 것은 참 매력적이에요. 바로 이 책이 담긴 '내일을 위한 책' 시리즈가 그렇습니다. 익숙하지만 그간 관심을 기울이지 못했던 우리 사회와 드넓은 세상을 새롭게 보는 길동무가 되어 주는 책이거든요.

사실 이 책은 유럽의 스페인이라는 나라에서 40여 년 전에 처음 나왔어요. 그런데 신기하게도 우리가 발 딛고 살아가는 오늘날 대한민국의 모습뿐 아니라 세계 여러 나라의 모습을 흥미롭게 살펴볼 수 있게 해 준답니다. 책을 펼쳐 보면 눈길을 확 끄는 재밌으면서도 생각을 열어 주는 그림들과 생생하게 마주할 수 있기 때문이에요.

그림과 함께 어우러진 글을 읽노라면 어느새 우리가 낯설게만 느꼈던 독재, 민주주의, 사회 계급, 여자와 남자(양성평등)라는 주제가 쉽고 재미있게 다가옵니다. 그런데 이 주제들은 책 속에서만 마주하는 이야기가 아니랍니다. 바로 지금 친구들과 함께하는 교실 속에서, 또 가족과 함께하는 집에서 언제든 마주할 수 있는 일들이지요.

친구들과 함께 놀 때 누군가의 의견만을 따른다면 기분이 좋지 않을 수 있어요. 서로 의견을 모아서 즐겁게 함께 할 것을 생각하면 좋지만, 힘이 세다는 이유만으로 같이 할 놀이가 결정되면 기분이 좋지 않을 수 있지요. 가족과 함께 외식이나 여행을 갈 때도 마찬가지예요. 서로 의견을 모아서 장소를 정하고 메뉴를 정한다면 훨씬 재밌으면서도 기분이 좋을 것 같아요.

그리고 남자라는 이유로, 또 여자라는 이유로 차별하는 것은 잘못된 생각이에요. 하지만 생활 속에서 종종 '남자가, 여자가'라는 말을 하면서 알게 모르게 여자와 남자에 대한 편견을 갖고 있는 경우도 있어요. '흙수저', '금수저'라는 말처럼 어떤 집에서 태어났느냐에 따라서 차별을 하고 또 새롭게 도전을 할 수 있는 기회마저 주지 않는 것도 바람직하지 않아요.

이 책에서 다루는 주제들은 사람들이 더불어 행복하게 살아가기 위해서 꼭 필요한 내용들이에요. 힘센 사람이 제멋대로만 해서도 안 되고, 신분이 높다고 해서 또 남자라고, 여자라고 해서 차별하는 것도 바람직하지 않아요. 민주주의를 열어 가기 위해서는 생활 속에서 다름을 인정하고, 서로 의견을 모으고 존중하는 것이 필요합니다.

이 책을 읽으면서 여러분들이 만들어 가고 싶은 내일은 어떤 모습인지 떠올려 보면 어떨까요? 여러 뜻 빛깔을 머금은 주제별 그림들을 보는 것만으로도 좋지만, 함께 곁들인 글들을 보고 있노라면 시공간을 넘나드는 이 책의 매력에 흠뻑 빠져들 수 있거든요. 그럼 흥미진진한 책 속 그림과 글들을 읽으면서 자연스럽게 우리가 꿈꾸고 만들어 가고 싶은 세상을 찾아 떠나 볼까요.

배성호 전국초등사회교과모임 공동 대표

여자와 남자는
동등하다고 해요.

하지만 남자는 여자보다 중요해 보여요.

여자는 남자보다 중요하지 않아 보여요.

그건 사실이 아니에요.

중요한 여자도 있고 중요하지 않은 남자도 있어요.

똑똑한 여자도 있고 멍청한 남자도 있어요.

용감한 여자도 있고 겁 많은 남자도 있어요.

물론 중요하고 똑똑하고 용감한 남자도 있어요.

일과 지능과 용기는 남자인지 여자인지와는 아무 상관이 없어요.

사실 여자와 남자는 거의 모든 면에서 똑같아요.
성이 다른 것을 제외하면요.

성은 중요해요.

여자와 남자가 함께 즐겁게 살고, 서로 사랑하고, 아이를 낳게 해 주니까요.

하지만 그 이상은 아니에요.
성은 훌륭한 사람이 되거나
그렇지 못한 사람이 되는 것과는
아무 상관이 없어요.

그런데 부모들이 아들은 중요한 사람이 되도록 교육을 시켜요.

반면에 딸은 중요한 남자의 아내가 되도록 가르쳐요.

어렸을 때부터 남자아이가 받는 대접과

여자아이가 받는 대접이 매우 달라요.

어른들은 남자아이에게 이렇게 말해요.

용감해야지.

강해지거라.

공부 잘하렴.

최고가 되어라.

반면에 여자아이에게는 이런 말들을 해요.

정말 예쁘구나!

참 말을 잘 듣네.

참 여자답구나.

정말 상냥한 아이야.

그래서 남자아이가 입는 옷과

남자아이를 위한 장난감과

여자아이가 입는 옷이 다르고,

여자아이를 위한 장난감이 달라요.

어른들의 기대에 따라 서로 다르게 자라기 때문에,

여자아이와 남자아이는 점점 더 서로 다른 모습이 되어요.

남자아이는 공부를 더 많이 해야 해요.
왜냐하면 변호사나 의사, 엔지니어 또는 정치가가 되어야 하니까요.

여자아이도 공부를 많이 해서 변호사나 의사가 될 수 있어요.
하지만 대부분 비서나 승무원, 간호사가 되지요.

모든 일은 남자가 이끌어 가는 것 같아요.
나라에서도.

직장에서도,

심지어 연애를 할 때도요.

남자가 중요한 일을 결정하기 때문에
여자는 많은 것을 남자에게 맞춰 줘야 해요.

남자는 여자가 남자의 동반자가 되고
아이의 어머니가 되기를 바라요.

남자는 가장이 되고
여자는 가정주부가 되어요.

남자는 명령을 하고 여자는 복종해야 한다는 것,

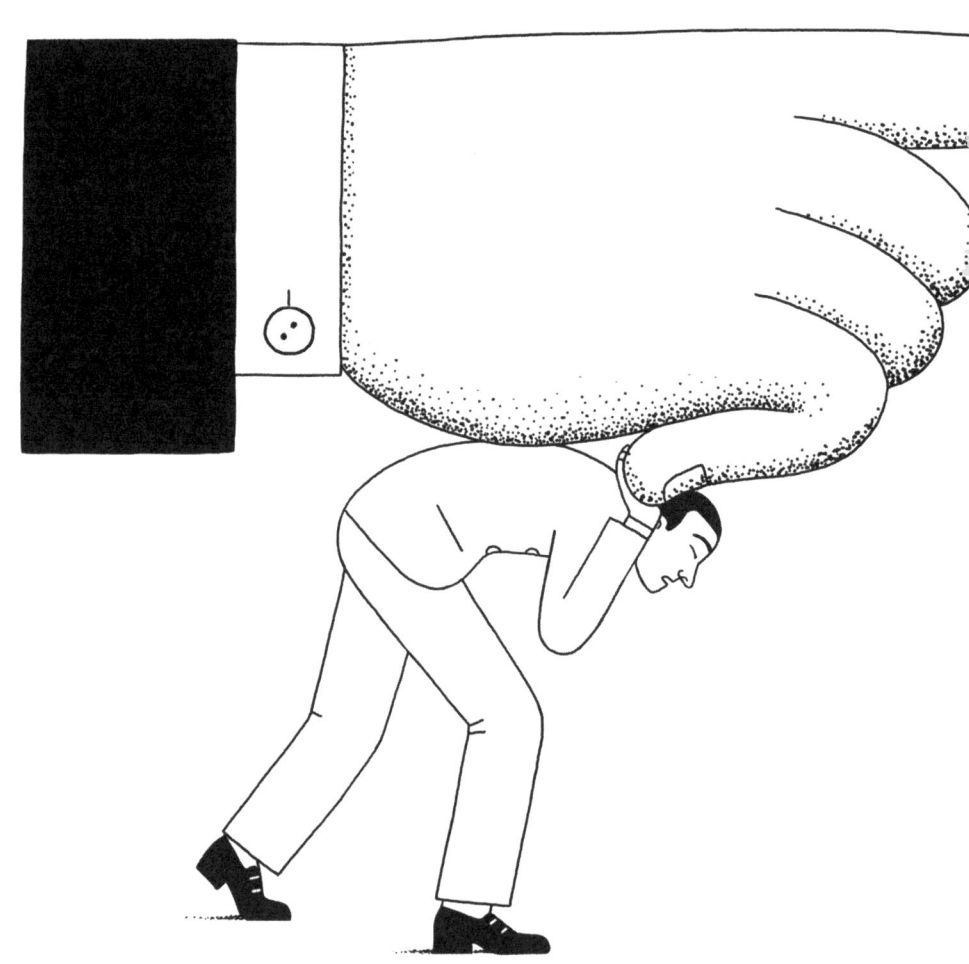

그건 옳지 않아요.

여자와 남자는 성이 다를 뿐
똑같은 존재니까요.

여자와 남자에 대해 생각해 보기

1. 남녀 관계에 대해서 어떻게 생각하나요?
   가. 평등하다
   나. 남자들이 명령한다
   다. 여자들이 명령한다

2. 누가 청소나 빨래, 아이 돌보기 같은 집안일을 해야 하나요?
   가. 여자만
   나. 남녀 모두 반반씩
   다. 여자가 거의 모든 일을 하고 남자는 아주 조금만

3. 누가 돈을 벌어야 하나요?
   가. 남자만
   나. 여자만
   다. 남녀 모두 똑같이

4. 다음 장소에서 누가 모든 일을 이끌어 가나요?
   가. 직장에서?
   나. 집에서?
   다. 병원에서?

5. 아빠와 엄마 중에서 누가 여러분의 공부에 더 신경 쓰나요? 왜 그럴까요?

6. 여자와 남자에 대한 고정관념으로는 어떤 것이 있는지 아는 대로 써 보세요.

7. 여러분이 생각하는 양성평등은 어떤 것인가요? 그러한 세상을 만들려면 어떤 노력이 필요할까요?

여자와 남자의 어제와 오늘

'내일을 위한 책' 시리즈에 속하는 네 권 중에서 이 책의 내용이 가장 시대에 뒤떨어진다고 생각될지도 몰라요. 1978년에 이 책이 처음 나온 이후 지난 40여 년 동안 엄청난 변화가 있었고, 다행히도 대부분 좋은 쪽으로 변했으니까요.

그럼에도 불구하고, 아직도 여자는 남자가 누리는 수많은 권리를 똑같이 누리지 못하고 있을뿐더러, 세계 곳곳에서 차별로 고통 받고 있어요. 그러한 사실은 조금만 관심 있게 주위를 둘러보거나 신문을 보면 금세 알 수 있어요. 예를 들어, 단 한 명의 여자도 발견할 수 없는 최고 경영인 모임 사진이나 남자와 똑같은 돈을 벌기 위해서 여자가 훨씬 더 많은 시간을 일해야 한다는 통계 같은 것들이요.

여자가 나라의 지도자인 경우도 있지만, 책임 있는 자리에서 일하고 있는 여자의 수가 남자보다 훨씬 적은 것이 사실이에요. 이건 정말 공평하지 않은 일이지요. 왜냐하면 오늘날에는 여자도 남자만큼 충분히 자격을 갖추고 있으니까요. 사실 대학을 나온 여자의 수가 남자보다 더 많은 나라도 많아요. 그리고 여자가 더 좋은 성적을 받곤 하지요. 아직도 양성평등을 이루기 위해서 해야 할 일이 많아요. 그중에서 가장 좋은 방법은 교육이에요.

여자와 남자가 평등하고, 동등한 권리를 가졌다는 건 분명한 사실이에요. 우리는 일상생활에서 남자가 여자보다 더 뛰어나고 우위에 있는 것으로 여기는 남성우월주의적인 행동을 뿌리 뽑고 평등한 사회를 이루기 위해 잘못된 관습과 맞서야 해요. 그래야 여자와 남자 모두를 위한 살기 좋은 세상이 만들어질 테니까요.

그림 **루시 구티에레스**

1977년 스페인 바르셀로나에서 태어남

수많은 어린이 책에 그림을 그렸습니다. 또한 ≪카마수트라≫(말이 좀 이상하게 들리지만)와 같이 어른을 위한 책도 만들었습니다. 그리고 ≪영어는 쉽지 않다≫와 같이 자신을 위한 책도 만들었습니다. 이 책에서는 영어를 쉽게 배우도록 하기 위해 그림뿐만 아니라 글도 썼습니다. 지금도 그 방법을 계속 공부하고 있고 시간 나는 대로 뉴욕으로 여행을 가서 여러 잡지들에 자신의 그림을 선보입니다. 살아있는 박물관인 뉴욕의 거리에서 세계 곳곳에서 온 여자와 남자를 만나면서 주의 깊게 관찰하고, 자신의 공책에 그림으로 옮기고, 그 그림들을 책으로 만들어 내고 있습니다.

글 플란텔 팀

내일의 주인공인 어린이들에게 도움이 되는 책을 만들기 위해 만들어진 기획팀입니다. 1977년과 1978년에 걸쳐 스페인 바르셀로나의 라 가야 과학출판사에서 '내일을 위한 책' 시리즈를 처음 출간하였습니다. 그 당시 스페인은 독재자 프랑코가 사망한 지 몇 년 지나지 않은 시기였고, 민주화를 위한 첫 변화들이 탄생하는 과도기를 겪고 있었습니다. 그러한 시기에, 독재, 사회 계급, 민주주의, 양성평등이라는 사회적, 정치적으로 중요한 주제를 어린이들에게 쉽지만 명확하게 전달하고 어린이들이 만들어가야 할 내일의 사회는 어떠해야 하는지를 진지하게 고민해 보도록 이끌기 위하여 '내일을 위한 책' 시리즈를 기획하고 집필하였습니다. 40여 년 전에 처음 출간된 이 책을 읽으면서 그다지 낯설다는 느낌이 들지 않는다면 그것은 그 내일이 아직도 오늘이 아니기 때문일 것입니다. 아직도 늦지 않았기만을 바랄 뿐입니다.

옮김 김정하

한국외국어대학교와 대학원, 스페인 마드리드 콤플루텐세대학교에서 스페인 문학을 공부했습니다. 스페인어로 된 재미있는 책들을 읽고 감상하고 우리말로 옮기는 일을 하고 있습니다. 옮긴 책으로 《숲은 나무를 기억해요》, 《집으로 가는 길》, 《아버지의 그림 편지》, 《카프카와 인형의 여행》, 《가브리엘라 미스트랄 시리즈》(전4권) 등이 있습니다.

추천 배성호

드넓은 세상에서 아이들이 건강하고 행복하게 성장하길 바라는 초등학교 선생님입니다. 초등 사회교과서 편찬위원, 국립중앙박물관 학교연계교육 자문위원을 지냈으며 지금은 초등 사회교과서 집필 위원과 전국초등사회과모임 공동 대표, 팟캐스트 〈별별 경제 이야기〉 진행을 맡고 있습니다. 지은 책으로는 《우리나라가 100명의 마을이라면》, 《두근두근 한국사》(공저), 《우리가 박물관을 바꿨어요!》 등이 있습니다.

내일을 위한 책 ❹
여자와 남자는 같아요

초판 1쇄 발행 2017년 1월 20일 | **초판 10쇄 발행** 2023년 5월 23일
글 플란텔 팀 | **그림** 루시 구티에레스 | **옮김** 김정하 | **추천** 배성호
펴낸이 홍석 | **이사** 홍성우 | **편집부장** 이정은 | **편집** 박고은·조유진 | **디자인** 권영은·김연서 | **외주 디자인** 나비
마케팅 이송희·한유리·이민재 | **관리** 최우리·김정선·정원경·홍보람·조영행·김지혜
펴낸곳 도서출판 풀빛 | **등록** 1979년 3월 6일 제2021-000055호
주소 서울특별시 강서구 양천로 583 우림블루나인 A동 21층 2110호 | **전화** 02-363-5995(영업) 02-362-8900(편집) | **팩스** 070-4275-0445
전자우편 kids@pulbit.co.kr | **홈페이지** www.pulbit.co.kr | **블로그** blog.naver.com/pulbitbooks | **인스타그램** instagram.com/pulbitkids

ISBN 978-89-7474-137-2 74300
ISBN 978-89-7474-127-3 (세트)

이 도서의 국립중앙도서관 출판예정도서목록(CIP)은 서지정보유통지원시스템홈페이지(http://seoji.nl.go.kr)와
국가자료공동목록시스템(http://www.nl.go.kr/kolisnet)에서 이용하실 수 있습니다.(CIP제어번호: CIP2016030046)

Original title: Las mujeres y los hombres
Copyright ⓒ for the text: Equipo Plantel, 1978
Copyright ⓒ for the illustrations: Luci Gutiérrez, 2015
Copyright ⓒ for the original Spanish edition: Media Vaca, 2015
These books, with illustrations by L.F. Santamaría, were published originally by La Gaya Ciencia in Barcelona in 1977–1978

Korean Translation Copyright ⓒ 2017 by PULBIT Publishing Co.
All rights reserved.
The Korean language edition published by arrangement with
MEDIA VACA through MOMO Agency, Seoul.

이 책의 한국어판 저작권은 모모 에이전시를 통해 MEDIA VACA 사와의 독점 계약으로 도서출판 풀빛에 있습니다.
저작권법에 의해 한국 내에서 보호를 받는 저작물이므로 무단전재와 무단복제를 금합니다.

제품명 아동 도서	**제조년월** 2023년 5월 23일	**사용연령** 8세 이상
제조자명 도서출판 풀빛	**제조국명** 대한민국	**전화번호** 02-363-5995
주소 서울특별시 강서구 양천로 583 우림블루나인 A동 21층 2110호
KC마크는 이 제품이 공통안전기준에 적합하였음을 의미합니다.

⚠ **주 의**
종이에 베이거나 긁히지
않도록 조심하세요.
책 모서리가 날카로우니
던지거나 떨어뜨리지 마세요.